ASSOCIATION NATIONALE FRANÇ

POUR LA

PROTECTION LÉGALE DES TRAV......

LES VEILLÉES

DANS LE COMMERCE

PAR

Charles VIENNET

*Secrétaire général du Syndicat des Employés du Commerce
et de l'Industrie*

———•———

FÉLIX ALCAN ■ ■

■ MARCEL RIVIÈRE ■

■ ■ ■ ÉDITEURS

NOUVELLE SÉRIE N° 8

PRIX : 1 FRANC

COMITÉ DIRECTEUR DE L'ASSOCIATION

ASSOCIATION NATIONALE FRANÇAISE
POUR LA
PROTECTION LÉGALE DES TRAVAILLEURS

LES VEILLÉES
DANS LE COMMERCE

RAPPORT

DE

M. Charles VIENNET

Secrétaire général du Syndicat des Employés du Commerce et de l'Industrie

Compte rendu des Discussions. — Vœux adoptés

PARIS

LIBRAIRIE FÉLIX ALCAN
MAISONS FÉLIX ALCAN & GUILLAUMIN réunies
BOULEVARD SAINT-GERMAIN, 108

MARCEL RIVIÈRE et Cie
LIBRAIRIE des SCIENCES POLITIQUES & SOCIALES
RUE JACOB, 31

1914

PUBLICATIONS A CONSULTER

La protection légale de l'employé et la réglementation du travail des magasins, par M. A. ARTAUD, membre du Conseil supérieur du Travail, 1903. — Une brochure, 35 p., in-16 (*Première série, n° 5*). — 0 fr. 60.

La réglementation légale de la durée du travail des employés, par M. EDGARD DEPITRE, professeur à la Faculté de droit de l'Université de Lille, 1911. - Une brochure, in-16 (Publications de la section du Nord. *Sixième série bis*). — 1 fr. 50.

De la sanction par l'autorité publique des accords entre chefs d'entreprises commerciales et industrielles pour l'amélioration des conditions du travail. par MM. ARTAUD, membre du Conseil supérieur du Travail; MAURICE DESLANDRES, professeur à la Faculté de droit de l'Université de Dijon; JUSTIN GODART, député, 1912. — Une brochure, 80 p., in-16 (*Septième série, n° 3*). — 1 fr.

Félix ALCAN et Marcel RIVIÈRE, éditeurs.

LES VEILLÉES DANS LE COMMERCE

Assemblée Générale du 2 Avril 1914

Présidence de M. RAOUL JAY

RAPPORT DE M. Charles VIENNET

Secrétaire général du Syndicat des Employés du Commerce et de l'Industrie

MESDAMES, MESSIEURS,

Notre législation du travail présente une lacune dont on ne s'étonnera jamais assez. Alors que la durée du travail des ouvriers et des ouvrières est depuis longtemps déjà réglementée, les travailleurs du commerce sont privés à ce point de vue de toute protection. Bien mieux; les femmes et les enfants à qui le législateur a voué avec raison une sollicitude particulière lorsqu'ils étaient employés dans l'industrie sont restés ignorés de lui quand il s'est agi des professions commerciales. Serait-ce que la situation des employés est privilégiée et qu'ils ignorent les longues journées et les veillées contre l'abus meurtrier desquelles on a tenu à défendre les ouvriers? Les faits contredisent cet optimisme et si, dans beaucoup de cas, les employés ont vu réduire leur journée de travail, le plus grand nombre aspire à une réglementation qui mettra fin à l'état d'abandon dans lequel on les a laissés trop longtemps.

Lorsque l'on parle des employés de commerce, on est enclin à considérer uniquement les immenses magasins

modernes dans lesquels la durée du travail est réglementée en apparence par des heures régulières d'ouverture et de fermeture. Si l'on restreignait ainsi la question,
il y aurait lieu de constater que depuis une quinzaine
d'années, les choses se sont bien améliorées et que,
somme toute, grâce à l'action syndicale, les veillées dans
les grands magasins sans avoir complètement disparu
se sont cependant raréfiées au point de devenir l'exception. Mais à côté des cinq ou six grands magasins de
Paris, il en existe un grand nombre de moyens et une
multitude de petits dans lesquels les veillées sont encore
en honneur. D'autre part, si l'on veut bien admettre que
Paris n'est pas toute la France, il faut évoquer tous ces
magasins de province dont la fermeture n'est fixée que
par le caprice et la routine. Il convient également de
songer aux bureaux du gros et du petit commerce et aux
administrations telles que les grandes banques, car, là
aussi, le mal que nous déplorons sévit parfois avec
intensité.

Dans cette dernière catégorie d'établissements, la durée
de la journée de travail varie en principe de 9 heures à
10 heures, mais, en fait, elle est augmentée par certaines
circonstances (échéances, émissions, etc...), qui exigent
des « coups de collier » répétés.

Alors même que la direction a réglé, au moyen de cir-
culaires plus ou moins nettes, les heures d'entrée et de
sortie, l'interprétation donnée par les chefs de service à
ces documents les détourne souvent de leur but. Une
mauvaise répartition du travail, un zèle intempestif ont
souvent pour résultat d'astreindre aux veillées toute une
partie du personnel. Cela est vrai surtout des innombra-
bles succursales des établissements de crédit au sein
desquelles les directeurs responsables appliquent volon-
tiers, en dépit des règlements, les conditions de travail

qui leur conviennent. C'est pourquoi, alors que la devan-
ture, baissée depuis longtemps, laisse croire au public
que la maison est fermée, les employés demeurent pour
achever un travail qu'une meilleure organisation aurait
permis d'expédier plus rapidement. Sans doute, il serait
excessif de taxer ce travail supplémentaire de veillée,
car il ne va pas au delà d'une heure raisonnable, mais il
constitue cependant une prolongation arbitraire de la
durée du travail. Ceci dit pour les succursales, car pour
ce qui est des maisons principales, c'est bien souvent
jusqu'à 11 heures ou minuit que le travail se prolonge.

Les maisons de commerce, elles, ont des régimes de
travail qui varient avec leur nature et leur importance.
Les magasins de nouveautés de premier ordre où jadis les
employés veillaient, pour le moindre motif et même sans
motif, jusqu'à une heure assez avancée de la nuit, ne
retiennent plus guère leur personnel après sept heures.
Les expositions et les inventaires, la fin de l'année sont à
peu près les seules circonstances dans lesquelles la
journée de travail est prolongée. Cependant, dans certains de ces magasins, le nombre des veillées atteint
encore 60 ou 80 par an, ce qui est anormal, puisque les
concurrents n'ont pas à recourir plus de 12 à 15 fois
dans l'année — et pour une durée minime — à la prolongation de la journée de travail.

Les veillées dont nous parlons s'appliquent indifférem-
ment aux vendeurs et aux employés aux écritures des
grands magasins. Pour ces deux catégories, donc, il n'est
plus besoin que d'un petit effort pour arriver à la suppression radicale d'un abus qui a fait tant de victimes
dans la corporation. Il en est autrement en ce qui concerne la catégorie si intéressante des garçons. Ici l'abus
subsiste, aggravé par d'autres abus contre lesquels les
Syndicats d'employés n'ont cessé de protester et qui

pourront disparaître, le jour où on le voudra sérieuse-
ment, sans difficultés appréciables. Qui de nous n'a ren-
contré dans les quartiers excentriques, vers neuf ou dix
heures du soir, quelque livreur regagnant sa maison,
chargé comme d'un butin, des nombreux « rendus » de
versatiles clientes? Le garçon livreur attardé est devenu
hélas! une physionomie parisienne. Plus que tout autre
cependant, il aurait droit à la réglementation de sa
journée. Qu'on en juge. Il est venu au magasin à sept
heures pour procéder au nettoyage. A huit heures, il
s'est mis en tenue et a préparé ses courses, puis il est
parti.

Il ne reviendra pas avant deux ou trois heures de
l'après-midi et c'est à ce moment là seulement qu'il pourra
déjeuner, le plus rapidement possible, car il doit repartir
vers quatre heures et demie après avoir préparé une nouvelle tournée. A-t-il la bonne fortune d'achever celle-ci
de bonne heure, à sept heures, par exemple, dès qu'il
sera rentré, on lui renouvellera son assortiment de colis
pour une destination plus ou moins éloignée et ce n'est
que deux ou trois heures plus tard qu'ayant rendu ses
comptes à l'inspecteur de garde, il pourra enfin recou-
vrer sa liberté. Fourbu, il rejoindra son domicile, généralement éloigné du centre, dînera hâtivement pour ne
pas retarder davantage l'heure d'un repos que l'heure
matinale de son lever rendra insuffisant. Ajouter à ce
rapide exposé que les garçons gagnent de 4 à 5 francs
par jour permettra d'apprécier la vie qui leur est faite.
Si jamais l'intervention légale est apparue nécessaire, il
faut avouer que c'est bien en faveur de ces parias du
grand commerce à qui leur surmenage même enlève la
possibilité d'agir pour obtenir une amélioration de leur
sort.

Les grands magasins de quartier n'ont pas suivi

l'exemple donné par leurs puissants rivaux du centre et la plupart d'entre eux considèrent les veillées du personnel comme indispensables à leur prospérité. Toutefois, le mal n'apparaît vraiment profond que dans les petits magasins et spécialement dans les bazars et les maisons de spécialités. Quiconque a traversé le soir les quartiers ouvriers de la périphérie sera édifié à ce sujet, bazars, petits magasins de mercerie et de soldes, magasins de chaussures, magasins de parfumerie, bijouterie, horlogerie, ferment à 9, 10 et même 11 heures. Nous ne parlons que pour mémoire des magasins d'alimentation dont la fermeture tardive est un fait général et qui me paraissent d'ailleurs sortir du cadre de cette communication.

Quelle peut être l'utilité de ces veillées ? Très restreinte, la plupart du temps. On s'est plu, pour les justifier, à invoquer les habitudes de la clientèle, mais sans se demander si ces habitudes pouvaient se modifier. Il n'est que trop certain que l'égoïsme de cet être collectif que l'on nomme le public peut servir de prétexte au maintien de tous les abus. Il suffira qu'un original éprouve le besoin d'acheter une paire de chaussures ou un savon à 10 heures du soir pour que l'on allègue l'impossibilité d'avancer la fermeture d'un magasin. Cette raison que l'on faisait valoir il y a quelque vingt ans, pour expliquer l'ouverture des grands magasins jusqu'à 9 h. 1/2, n'en est pas une puisque, aujourd'hui, ces mêmes établissements ferment à 7 heures ou, au plus tard à 7 h. 1/2. On répond à cela que les habitudes du public se sont modifiées. Nous ne craignons pas de nous inscrire en faux contre cet argument. La fermeture moins tardive des grands magasins provient de circonstances autres que l'éducation de la clientèle, éducation qui nous semble — on nous pardonnera ce pessimisme

— impossible à faire par la persuasion. C'est à la fermeture elle-même que l'on doit cette éducation. Du jour où
le public a constaté que les magasins fermaient à 7 heures, il se l'est tenu pour dit et a organisé ses achats
d'une autre façon. On croirait difficilement à voir les
agrandissements successifs de ces établissements et les
foules qui les remplissent que la suppression des veillées
a lésé leurs intérêts ou ceux du public. Il en serait de
même pour les petits magasins dont nous parlions tout
à l'heure s'ils étaient astreints à la fermeture.

On a prétendu encore que la loi sur le repos hebdomadaire rendait indispensable la fermeture tardive des magasins, au moins le samedi soir. Fort bien ! Mais dans ce
cas, pourquoi restent-ils ouverts tous les soirs et comment se fait-il que les magasins qui ferment le plus tard
le samedi soir soient précisément ceux qui ouvrent le
dimanche, en vertu des dérogations que l'on a accordé
sans parcimonie à tous les détaillants qui voulaient bien
se donner la peine de les demander? Car il faut remarquer que ce sont les employés qui sont soumis aux veillées qui doivent ignorer par surcroît le repos hebdomadaire collectif fixé au dimanche dont la loi de 1906 a
timidement posé le principe.

Quoi qu'il en soit, les veillées dans le commerce sont
un fait dont on ne peut nier l'existence à Paris.

Pour ce qui est de la province, le fait apparaît plus général et aussi moins excusable. Que, dans des villes de 20
ou 30,000 habitants, des magasins de nouveautés ou des
bazars puissent rester ouverts jusqu'à 8 h. 1/2 ou
9 heures, voilà une chose qui confond. Invoquera-t-on ici
les habitudes de la clientèle? Ce serait pour le moins
téméraire. N'insistons pas.

*
* *

En admettant, comme on l'a prétendu souvent qu'en

matière sociale, le rôle de la loi soit de consacrer l'usage
et de l'imposer aux récalcitrants, il faut reconnaître que
les veillées du commerce donnent à la loi une magni-
fique occasion d'intervenir. Les veillées, en effet, sont
condamnées pour cette raison que déjà une foule de maisons ont pu y renoncer sans éprouver aucun dommage.

Que cette intervention légale ne soit pas faite brutale-
ment, c'est un désir auquel nous nous associons volon-
tiers. On peut ménager les transitions nécessaires, on
peut même assouplir la réglementation de telle façon
qu'elle s'adapte aussi bien que possible aux exigences de
chaque commerce. Mais, encore une fois, c'est la loi seule
qui pourra mettre fin à la confusion que certains se
plaisent à établir entre l'utilité et la fantaisie.

La limitation de la durée du travail des employés à
dix heures par jour nous semble devoir être le premier
principe d'une loi de ce genre. Et la fixation des heures
d'ouverture et de fermeture des magasins apparaît immé-
diatement comme le corollaire de cette mesure. Les dif-
cultés auxquelles se heurte l'application de la loi sur le
repos hebdomadaire auraient disparu depuis lomgtemps,
à notre sens, si la fermeture obligatoire des magasins
avait assuré partout l'observation du repos. Au lieu de
cela, les magasins n'occupant que quelques employés ou
les seuls membres d'une famille parfois singulièrement
nombreuse ont pu concurrencer impunément leurs concurrents à peine plus importants ; ceux-ci ont obtenu des
dérogations qui en ont amené d'autres et ont compromis
lamentablement la généralisation du repos hebdomadaire
collectif. Nous arriverions rapidement à la même situation en ce qui concerne le sujet qui nous occupe si la loi
se contentait de fixer sans plus la durée du travail des
employés à dix heures.

Mais la loi peut-elle fixer des heures uniformes d'ouverture et de fermeture pour tous les magasins ? Il serait enfantin de lui demander cette précision. Ce qu'elle peut faire directement, c'est rendre impossibles les veillées excessives en décrétant la fermeture des magasins de 9 heures du soir à 5 heures du matin. Pour le surplus, elle doit confier aux municipalités, à défaut d'organismes mieux qualifiés, le soin de fixer pour chaque commerce les heures d'ouverture et de fermeture de tous les établissements.

Les législations étrangères, on le sait, sont déjà entrées dans cette voie. L'Angleterre et ses colonies, l'Allemagne, l'Autriche, le Danemark, un certain nombre d'États d'Amérique ont fixé les heures d'ouverture et de fermeture des magasins. Il n'apparaît pas que leur initiative ait porté au commerce de ces pays les coups que les adversaires de l'intervention légale redoutent tant pour le commerce français.

Nous croyons, quant à nous, que ce qui s'est fait chez nos voisins peut se faire en France, et c'est pourquoi nous nos plaisons à considérer le projet de loi de M. de Mun comme particulièrement opportun (1). Ce projet a le grand mérite — d'aucuns trouveront que c'est un défaut — de traiter la règlementation du travail des employés dans son ensemble et non point par bribes comme tant d'autres projets. Pour ne parler que de la durée du travail, il en fixe le maximum à dix heures. Il donne aux municipalités le droit de déterminer les heures d'ouverture et de fermeture des établissements faisant le même genre d'affaires et s'adressant à la même clientèle, à condition que cette fixation n'ait pas réuni contre elle un tiers au moins des chefs des établissements visés. Il sti-

---

(1) Voir aux Annexes le texte de la proposition de loi déposée le 13 janvier 1911, par M. A. de Mun.

pule que, dans chaque commune, les magasins devront être fermés de 9 heures du soir à 5 heures du matin.

Le projet comporte des exceptions et des dérogations. Il n'astreint pas à la réglementation les établissements où ne sont employés que les membres de la famille. A notre avis, cette disposition est des plus regrettables. D'une part, en effet, les enfants et les parents du patron ont droit, comme les salariés, à la protection de la loi ; d'autre part, les établissements de famille constitueraient, s'ils étaient privilégiés, une sorte de concurrence déloyale qui rendrait impossible l'application de la réforme. Encore une fois, souvenons-nous de la loi sur le repos hebdomadaire et de ses difficultés d'application.

M· de Mun prévoit des dérogations à la journée de dix heures. Sur l'importance de ces dérogations, deux heures par jour, nous n'avons rien à objecter. Les nécessités du commerce que l'on fait souvent valoir à tort et à travers peuvent être ici très légitimement invoquées. Mais, sur le nombre annuel des dérogations, nous ne pouvons nous empêcher de constater que M. de Mun a été extrêmement généreux en le fixant à soixante. Lors de l'enquête faite par le Conseil supérieur du travail sur la question, tous les syndicats d'employés se sont trouvés d'accord pour demander la réduction de ce chiffre. Sans pouvoir apprécier dès maintenant si le nombre des jours de dérogation ne devrait pas varier entre les différentes catégories d'établissements, il est permis d'estimer qu'en tout état de cause, ce nombre ne devrait jamais dépasser trente par an.

Au surplus, la latitude laissée par le projet de M. de Mun possède un correctif ; il s'agit du paragraphe d'après lequel les employés auront droit à une rémunération spéciale convenable pour les heures supplémentaires. L'adoption d'une telle proposition aurait pour conséquence de réduire les heures supplémentaires au minimum. Nous ne pouvons mieux faire pour appuyer cette assertion que de citer l'exemple de ce grand magasin de la rive gauche dans lequel la décision de payer à l'avenir les travaux exceptionnels coïncida avec la disparition presque complète desdits travaux.

Comme conclusion de cette étude, j'ai l'honneur de soumettre à votre approbation les vœux ci-après. Puissent-ils hâter le moment où le législateur réparera, par le vote de mesures protectrices, l'indifférence qu'il a témoignée pendant trop longtemps à des corporations dont le travail et l'intelligence constituent d'importants facteurs de la prospérité commerciale de notre pays !

VŒUX

PROPOSÉS PAR M. Ch. VIENNET, RAPPORTEUR

L'*Association nationale française pour la protection légale des travailleurs* :

Considérant que la durée du travail des employés n'est soumise à aucune réglementation légale, même en ce qui concerne les femmes et les enfants ;

Que cette différence de traitement entre les travailleurs industriels et les travailleurs commerciaux ne peut être justifiée par l'intérêt général du commerce, puisqu'il est établi qu'un certain nombre d'établissements assurent déjà à leurs employés un régime de travail au moins équivalent à celui qui résulte des lois réglementant le travail des ouvriers ;

Émet le vœu :

Que la durée du travail dans les établissements commerciaux ne puisse dépasser dix heures par jour ;

Que lesdits établissements soient obligatoirement fermés de 9 heures du soir à 5 heures du matin ;

Que la loi donne aux municipalités la faculté de fixer des heures d'ouverture et de fermeture uniformes pour chaque catégorie d'établissements, après consultation des intéressés ;

Que les dérogations reconnues indispensables ne puissent dépasser deux heures par jour ni trente jours par an ;

Que les heures supplémentaires donnent lieu à une rétribution spéciale ;

Que le Parlement adopte au plus tôt la proposition de loi de Mun qui donne satisfaction aux vœux ci-dessus, sauf en ce qui concerne l'exception dont il fait bénéficier les établissements de famille et le nombre des dérogations annuelles.

DISCUSSION

M. LE PRÉSIDENT. — Mon premier devoir est de remercier M. Viennet de l'étude si documentée et consciencieuse qu'il vient de nous apporter.

Nous avons maintenant à examiner les vœux qu'il nous propose. J'aimerais entendre M. Artaud nous donner son opinion. Ce sont là des questions sur lesquelles il possède une compétence particulière.

M. ARTAUD. — J'étais venu surtout pour m'instruire, car je connais depuis longtemps les idées pratiques de notre ami Viennet. Il vit dans le milieu des employés, il sait ce que l'on peut et ce que l'on doit réclamer. Je ne puis donc que m'associer à toutes les idées qu'il a émises, idées qui sont justifiées par une très longue expérience et qui ont été traduites dans toutes les revendications de notre corporation.

Je ne puis guère qu'exprimer le vœu que ces projets entrent enfin dans le domaine de la réalisation.

Je crois que l'Association pour la protection légale peut faire beaucoup en cette matière. Déjà les employés lui gardent une très grande reconnaissance de ce qu'elle a fait pour eux. Ils ne peuvent pas oublier qu'en somme leurs revendications ont pris naissance dans cette enceinte, il y a déjà de nombreuses années. Votre Association a compris, en effet, que les travailleurs de commerce devaient être mis au moins sur le même pied que les travailleurs de l'industrie. Elle a estimé que les lois protectrices faites en faveur du travail dans l'industrie, devaient s'appliquer également aux employés de commerce qui, au fond, la plupart du temps, sont moins heureux que les ouvriers.

Cette reconnaissance, que doivent les employés à l'As-

sociation, s'augmenterait encore si le vœu que vient de
formuler M. Viennet trouvait un écho en dehors de cette
enceinte et rencontrait des appuis qui lui permettent
d'aboutir.

Qu'a demandé M. Viennet ? Que demandent les employés ? Ils demandent simplement que la législation sur
le travail, principalement celle visant la durée du travail,
soit appliquée dans le commerce comme elle l'est dans
l'industrie. Il leur paraît inadmissible que l'employé de
commerce puisse travailler 12, 14, 15 heures, comme cela
se produit trop souvent.

Qu'objecte-t-on ? Que le travail n'est pas le même dans
le commerce que dans l'industrie. On reconnaît qu'une
journée de 14 ou 15 heures de travail est excessive,
qu'elle rend impossible toute espèce de vie de famille ;
qu'elle rend souverainement exagérée la somme de force
physique qu'il faut dépenser. On reconnaît aussi que l'on
abuse véritablement du travailleur comme de l'employé,
qui, au bout d'un certain temps, ne peuvent plus rendre
qu'un service réduit. Il y a donc lieu d'être partisan de
cette réduction des heures de travail, autant dans l'intérêt du patron que dans celui de l'employé.

On oppose surtout des traditions, des préjugés, comme
le disait tout à l'heure si justement notre ami Viennet,
les habitudes d'une clientèle. Il vous a démontré — et la
pratique confirme ce qu'il vous a dit — que la clientèle
est, au fond, assez malléable, que lorsqu'on est parvenu
à imposer par une loi la fermeture de certains établissements, la clientèle s'y habitue. Elle sait qu'à telle heure
tel et tel magasins seront fermés, et elle prend ses pré-
cautions.

Au Conseil supérieur du travail, nous avons étudié très
attentivement la question. Nous avons entendu les représentants des employés et des ouvriers. Nous avons posé

en principe qu'il était très difficile, sinon impossible, de réglementer la durée du travail autrement que par la fixation de la durée de la journée; nous avons demandé que cette durée soit fixée comme elle l'est par la loi de 1900 pour l'ouvrier, c'est-à-dire à 10 heures.

Aujourd'hui, il est question dans des projets gouvernementaux, de transformer la question et de se préoccuper surtout de la durée du repos.

M. LE PRÉSIDENT. — Je crois que vous touchez là un point sur lequel il est particulièrement intéressant d'insister.

M. ARTAUD. — Nous avons opposé les deux thèses l'une à l'autre, parce que nous considérions que fixer la durée du repos n'était pas suffisant. On dit aujourd'hui qu'on va fixer la durée du repos à 11 heures. Si vous considérez la journée de 24 heures, il est certain que, par un calcul très élémentaire, vous verrez que l'on arrivera à ce résultat que la loi autorisera un patron à faire travailler un ouvrier 13 heures. Nous ne disons pas que le patron le fera forcément, nous espérons même que les circonstances et sa propre conscience l'empêcheront de le faire, en tout cas, c'est un abus qu'il peut être tenté de commettre et cela législativement, légalement.

Nous préférons de beaucoup une mesure généralisant la législation du travail, la mettant en harmonie parfaite tant au point de vue des ouvriers que des employés, je veux dire la fixation à 10 heures de la journée de travail.

Le texte qui est soumis à l'heure actuelle et adopté par la Commission du travail et que M. Justin Godard a été chargé de rapporter, fixe la durée du repos à 11 heures et, par conséquent, laisse subsister l'inconvénient que je viens de vous indiquer (1). .

_____

(1) V. le texte du projet rapporté par M. Justin Godard, aux Annexes.

Je crois être l'interprète des employés en disant que, dans la circonstance, nous ne sommes pas les partisans du tout ou rien. Je suis persuadé que Viennet sera de mon avis si je dis qu'à la grande rigueur nous céderions sur ce point, s'il était démontré qu'on veut bien faire en notre faveur une législation utile. Nous accepterions le projet de la Commission, mais avec l'espoir qu'il serait bientôt démontré que l'application de la journée de 10 heures aux employés de commerce est aussi facile à appliquer que pour les travailleurs de l'industrie.

M. Viennet a visé, dans son rapport, un autre point qui a été également très longuement discuté ici et dans d'autres milieux : la question de la fermeture. Il faut bien le reconnaître, la fermeture présente pour les patrons quelque chose de vexatoire, c'est une mesure très dure à laquelle ils ne se plieront que difficilement en invoquant les immortels principes de la liberté individuelle. Mais vous savez mieux que moi, Messieurs, qu'en toute matière et surtout lorsqu'il s'agit de législation sociale, il faut surtout se préoccuper du but à atteindre. Ne croyez pas que si les employés ont demandé la fermeture obligatoire des magasins, c'était pour créer en leur faveur une espèce de législation d'exception, S'ils l'ont demandée, c'est parce qu'ils ont compris que dans le commerce, qui est évidemment une branche de l'activité sociale un peu particulière, il fallait avoir recours à certains moyens de réglementation qu'on ne pouvait pas employer pour l'industrie. Il ne vous échappe pas que là nous sommes dans le domaine de la concurrence et que là où il y a concurrence il y a évidemment dualité d'intérêts. C'est précisément dans l'intérêt du patronat, pour mettre tous les patrons sur un pied d'égalité, que nous avons demandé la fermeture obligatoire. C'est pourquoi nous

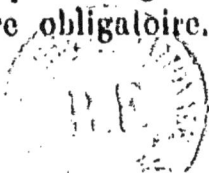

estimons que, dans l'intérêt des uns et des autres, cette mesure devrait être adoptée.

M. LE PRÉSIDENT. — Je ferai remarquer — cela est peut-être intéressant — que les conclusions que M. Viennet nous apporte et que vient d'appuyer M. Artaud sont, sur bien des points, les conclusions mêmes que nous a apportées M. Aubriot dans notre précédente séance.

M. Aubriot nous a montré que la fermeture des magasins était, en ce qui concerne le repos collectif du dimanche — c'était le point de vue auquel se plaçait M. Aubriot — la clef de la question. Il en est de même en ce qui concerne la suppression des veillées, c'est le point de vue plus particulier de M. Viennet.

En entendant M. Artaud parler de la règle uniforme que la fermeture ferait aux employeurs, quels qu'ils fussent, il me revenait un souvenir. Lorsqu'au Conseil supérieur nous discutions la réglementation du travail des employés, on m'apporta un jour une lettre signée : « Un petit commerçant du Xe arrondissement ». Ce petit commerçant disait : « Je suis épicier et, le dimanche, je ne puis fermer ma maison parce que mon voisin, le charcutier, reste ouvert et me porte préjudice en vendant des conserves ».

Si personne ne demande la parole, je prierai M. Viennet de vouloir bien insister un peu sur une de ces propositions, proposition très intéressante, mais dont la réalisation me paraît présenter quelques difficultés ; c'est celle qui vise la rémunération spéciale pour les heures supplémentaires.

Je comprends la pensée de M. Viennet et je connaissais l'exemple que vous avez cité de ce magasin qui, ayant établi un tarif spécial pour les heures supplémentaires, avait, en fait, renoncé aux heures supplémentaires.

Ce que je vois mal, c'est comment la loi pourra fonctionner si elle ne détermine pas d'une façon plus précise la rémunération des heures supplémentaires. Il ne peut évidemment pas suffire que l'heure supplémentaire soit payée quelques centimes de plus. Comment le texte légal pourrait-il être rédigé ?

M. Viennet. — A mon avis, ce texte a une très grande importance, parce que, tout d'abord, il peut servir de rempart au flot des heures supplémentaires. D'autre part, le contrat de travail de l'employé est actuellement livré à l'arbitraire, notamment en ce qui concerne la durée du travail; la plupart du temps, le patron se réserve le droit d'allonger et de raccourcir la journée à sa guise. Tel employé travaille 10 heures, on lui demande un coup de collier d'une heure ou deux; cela ne se refuse pas et, cependant, j'estime que cela constitue une atteinte portée aux clauses du contrat de travail. Mais, généralement, le patron n'y prend pas garde et lorsque l'employé veut protester contre les heures supplémentaires, il est considéré comme une mauvaise tête et renvoyé.

C'est pourquoi il serait désirable que le Parlement fasse d'une pierre deux coups et que, tout en s'efforçant de limiter la multiplication des heures supplémentaires, il ramène en même temps l'esprit patronal à l'observation stricte des contrats. A ce point de vue de la durée de la journée de travail, les contrats des employés sont beaucoup moins observés que ceux des ouvriers. La raison en est bien simple : les ouvriers sont payés à l'heure et dès qu'il se produit une prolongation de la journée de travail, on est obligé de leur verser un supplément de salaire.

Quant à fixer un tarif de rémunération pour les heures supplémentaires, je n'en vois pas la nécessité parce qu'on aurait beau jeu pour nous dire : « Vous êtes des utopistes, vous vous imaginez que vous allez fixer un prix minimum pour toute la France », et nous rencontrerions les mêmes objections que nous avons rencontrées pour la fixation du minimum de salaire.

Mais M. de Mun qui, d'ailleurs s'est inspiré je crois de la législation autrichienne, parle d'une rémunération spéciale *convenable*. Ce mot « convenable » indique bien que pour déterminer le prix d'une heure supplémentaire, il faudra procéder de la même façon que pour fixer le prix de la journée d'un ouvrier. Tous les jours il surgit des contestations à ce sujet entre les patrons et les ouvriers et ces différends, soumis aux Conseils de prud'hommes, sont tranchés très facilement.

M. LE PRÉSIDENT. — Voici quelle était mon objection précise, je ne l'ai pas bien formulée. Actuellement, dites-vous, les contrats précisent la durée du travail de l'employé, à forfait : vous voulez dire par jour ou par semaine ?

M. VIENNET. — Par mois.

M. LE PRÉSIDENT. — J'estime que sans qu'aucun texte nouveau ait besoin d'être promulgué, l'employé pourrait demander une rétribution supplémentaire pour la durée de travail supplémentaire qu'on lui impose. Les principes sont ici — M. Artaud ne me contredira pas — incontestables.

M. ARTAUD. — Les principes oui, mais il n'en est pas de même pour la pratique.

M. LE PRÉSIDENT. — Ce que je constate, c'est qu'il ne suffirait donc pas, dans une loi nouvelle, de rappeler un principe incontestable tout au moins à mes yeux et je crois aux yeux de tous ceux qui ont étudié la question. M. de Mun ne se contente pas de rappeler le droit commun ou de le renouveler dans une formule expresse, s'en remettant ensuite aux sanctions du droit civil. Il me paraît aller plus loin, car après avoir écrit dans l'article 3 : « Les employés auront droit à une rémunération spéciale convenable pour les heures supplémentaires », il écrit dans l'article 11 : « Les infractions aux dispositions de la présente loi seront passibles des *pénalités.....* »

C'est cette sanction pénale qu'il serait peut-être difficile de faire jouer en l'absence d'un texte plus précis. J'appelle l'attention de M. Viennet, de M. Artaud et des employés en général sur ce point. Personne au fond n'est plus que moi disposé à entrer dans la voie que vous nous indiquez, pour essayer de faire de ce qui déjà actuellement est le droit, la réalité de demain. Pour cela, il faut des sanctions. La sanction civile ne me paraît pas jouer, suffisamment. La sanction pénale ne peut jouer qu'à condition que le texte arrive à une certaine précision. J'appelle donc l'attention des employés sur la nécessité d'arriver à quelque chose de précis. Supposons le texte de M. de Mun voté : les employés auront droit à une rémunération spéciale convenable pour les heures supplémentaires. Est-ce que demain, l'inspecteur, le procureur de la République et ses substituts, les officiers de police judiciaire pourraient intervenir et faire condamner les patrons qui auraient méconnu la loi ? Cela ne me paraîtrait pas commode. Cela supposerait des appréciations délicates.

M. Viennet. — La précision me semble assez difficile à apporter. On pourrait dire, par exemple, que les heures supplémentaires seront payées d'après un tarif correspondant au dixième de la journée de travail par heure, ou encore on pourrait décider que le tarif des heures supplémentaires sera doublé. En ce qui concerne la répression des infractions commises sous ce rapport, je crois qu'elle serait du même ordre qu'en ce qui concerne la durée du travail elle-même.

M. LE PRÉSIDENT. — Ce seraient les pénalités prévues par M. de Mun dans son article 11.

M. VIENNET. — La question d'appréciation est peut-être délicate, mais elle ne me semble pas une impossibilité.

M. LE PRÉSIDENT. — Je ne crois pas que le Parlement — je me place au point de vue pratique, — je ne crois pas que le Parlement soit disposé à adopter une disposition ayant un caractère aussi général et comme l'idée me semble très bonne, je serais heureux de vous voir chercher à la préciser.

Il y aurait peut-être un moyen qu'indiquait déjà M. Viennet, ce serait de chercher à établir la proportion que la rétribution des heures supplémentaires devrait représenter, par rapport à la rétribution des heures de la journée de travail. On pourrait dire: « Les heures supplémentaires seront payées le double des heures de la journée ordinaire. »

M. VIENNET. — Ne serait-il pas possible de confier à certaines organisations telles que le Conseil de prud'hommes, le soin de déterminer cela?

M. LE PRÉSIDENT. — C'est encore un autre système que l'on pourrait adopter pour aboutir à la réalisation pratique d'une idée qui me paraît ingénieuse et bonne.

M. VIENNET. — C'est une question de rédaction et je vous avoue que je m'y suis pas particulièrement attaché.

M. LE PRÉSIDENT. — Notez bien que ce n'est pas à vous que j'adresse une critique, c'est au texte du Parlement.

M. Viennet. — En proposant cette formule, j'ai pensé qu'il n'était pas inutile d'attirer au moyen d'un texte légal l'attention des patrons sur ce fait que, prolongeant la journée de travail d'un employé, sans rémunération spéciale, ils commettent une injustice. On a voulu que ce soient l'offre et la demande qui règlent tout. Acceptons un instant cette façon de raisonner : nous disons alors que notre journée de dix heures vaut tant et que nous voyons pas pourquoi nous donnerions douze heures pour dix. Par conséquent, certains patrons commettent inconsciemment, sans doute, un véritable abus en prolongeant d'une heure ou deux le travail de l'employé. Ils prennent ainsi ce qui ne leur est pas dû.

Si une disposition s'appliquant à cette sorte d'abus existait dans la législation, il me semble que les patrons intéressés comprendraient mieux leur responsabilité. Un principe se trouverait posé dont les conséquences seraient de nature à créer un atmosphère favorable à l'établissement de contrats de travail beaucoup plus précis que ceux qui nous régissent actuellement. Nous ferions ainsi un pas appréciable vers l'établissement de la condition juridique de l'employé.

M. le Président. — Je me garderai de méconnaître l'effet moral d'un texte de ce genre. Je suis très convaincu de l'effet moral des lois protectrices du travail, mais peut-être ne serait-il pas mauvais tout de même d'avoir à la fois un effet moral et un effet plus direct.

M. Traverse. — Je serais d'avis qu'on fasse payer les heures supplémentaires double. A la Compagnie des Tramways de l'Est parisien, les heures supplémentaires sont payées double, et cela n'a certainement rien d'exagéré, car il y a là une occasion de dépenses pour l'employé qui n'arrive pas chez lui à l'heure ordinaire, qui ne peut pas prendre son repas en famille, ce qui détermine pour lui une dépense extraordinaire très sensible dans son budget. Surtout, le grand avantage c'est que, une fois ce principe inscrit, les heures supplémentaires seront supprimées ou en tout cas diminuées dans une notable proportion.

Autrefois, les chefs de rayon ne s'occupaient pas du déplié. Ils laissaient cela aux employés. Aujourd'hui, dans les maisons importantes qui ferment à sept heures, les employés trouvent le moyen de faire le déplié et de le terminer à six heures. A Elbeuf, la veillée était presque une question de réclame, c'était à la maison qui laisserait ses magasins allumés le plus tard le soir. Quelquefois même, le chef de la maison venait tout seul et il illuminait son magasin comme s'il y avait eu un grand nombre d'employés occupés à expédier des affaires. Dans un grand nombre de cas, on peut donc s'organiser pour que la veillée soit supprimée.

M. Macé. — Avec le projet de loi de M. de Mun, je vois la possibilité de déterminer les heures supplémentaires : le jour où l'employé fait plus de dix heures de travail, il fait des heures supplémentaires. Mais avec le projet déposé devant le Parlement et qui fixe le repos à onze heures, si vous faites treize heures de travail, vous ne faites pas d'heures supplémentaires.

M. le Président. — L'objection est exacte.

M. Macé. — Ou alors il faudrait qu'il y ait un contrat écrit fixant la durée du travail.

M. Viennet. — Ce que nous avons posé en principe, ce n'est pas la fixation du repos qui, précisément, ne nous paraît pas pratique ; c'est la fixation de la durée de la journée de travail.

M. Macé. — Actuellement un employé peut encore dire à son patron : « La journée normale est de dix heures, vous ne pouvez pas me faire travailler douze ou treize heures. » Je crains qu'avec le projet du gouvernement, la situation devienne encore plus défavorable pour l'employé qui ne pourra même plus invoquer ce principe. Le patron en effet pourra renverser les choses en disant : « Je vous dois onze heures de repos, par conséquent, j'ai le droit de vous faire travailler treize heures et le jour où je ne vous fais travailler que onze heures, je vous fais cadeau de trois heures. »

M. Viennet. — Excepté quand il y aura des conventions contraires.

M. Macé. — Mais actuellement nous ne devons pas nous baser sur les conventions écrites, parce qu'elles sont extrêmement rares.

Un membre. — Si on exige que les employés soient payés pour les heures supplémentaires, on les mettra à la semaine pour ne pas leur payer le dimanche.

M. Viennet. — A condition que les employés acceptent cette situation.

Un membre. — Cela se fait déjà.

M. Viennet. — C'est pour prévenir cette éventualité que nous demandons au législateur de fixer les clauses générales du contrat de travail de l'employé.

Mme Simon. — Il ne serait pas facile de fixer le prix des heures supplémentaires. Nous avons, par exemple, dans les grands magasins, des vendeuses qui ont un fixe très minime, par exemple 50 ou 60 francs. Si on se basait sur ce prix pour établir le prix de l'heure supplémentaire, il serait de quelques centimes seulement.

M. VIENNET. — Dans ces cas-là, on tient compte du fixe et de la guelte. Si un vendeur fait un franc de fixe et quatre francs de guelte, ces deux éléments entrent dans la fixation du prix.

M. LE PRÉSIDENT. — C'est là qu'interviendraient les conseils de prud'hommes.

Je voudrais, avant de lever la séance, poser une autre question à M. Viennet. Nous sommes en présence de deux système : le système de M. de Mun et le système du gouvernement, qui est aussi le système de la Commission du travail, puisque celle-ci a fait sien le projet du gouvernement (1). Ce qui les distingue principalement, nous venons de le voir, c'est que dans l'un il y a la réglementation de la journée de travail et seulement dans l'autre l'organisation d'un repos ininterrompu. Le texte proposé par M. Viviani prévoyait aussi la fermeture des établissements commerciaux à une certaine heure, sur la demande, je crois, des trois quarts des commerçants. Voici le texte :

« Le Conseil municipal pourra, sur la demande des trois quarts des chefs d'établissements intéressés, décider la fermeture à une heure déterminée d'une ou plusieurs catégories des magasins de la commune comprenant tous les établissements faisant le même genre d'affaires et s'adressant à la même clientèle. »

On retrouve dans le projet de M. de Mun une disposition analogue.

Pourriez-vous, vous qui vivez dans les milieux auxquels ces textes recevraient leur application, nous dire ce qu'on pourrait attendre, en fait, de textes de ce genre ? Permettraient-ils de réaliser de sérieux progrès ?

_____

(1) V. le texte des trois projets aux Annexes.

M. VIENNET. — Je ne crois pas qu'il soit possible d'obtenir des ententes comme celle-là, puisque, pour le repos hebdomadaire, pour la fixation de la durée du travail, cela a été impossible jusqu'ici.

M. LE PRÉSIDENT. — Mais il n'y a pas jusqu'à présent de sanction.

M. VIENNET. — Ce n'est pas la sanction qui obligera les gens à se concerter pour demander au Conseil municipal des heures de fermeture ou d'ouverture uniformes. J'aimerais mieux que l'on dise que, lorsque le Conseil municipal sera sollicité par un syndicat professionnel ou par un corps constitué d'établir une réglementation de la fermeture et de l'ouverture des magasins, le Conseil procèdera à une consultation des intéressés au cours de laquelle il faudrait qu'un tiers au moins des chefs d'établissements se soit prononcée contre la réglementation pour qu'elle ne pût être décidée. C'est exactement le système inverse de celui de la Commission du travail ; mais je le crois plus pratique, parce que les patrons qui estimeront que la réglementation proposée est de nature à nuire à leur commerce protesteront, tandis que si l'on confie aux patrons l'initiative de demander la réglementation, on risque d'attendre très longtemps.

M. LE PRÉSIDENT. — Certains représentants des Ligues sociales d'acheteurs ont émis des pronostics plus optimistes. Vous avez entendu vous-même, il y a quelques mois, M. Deslandres, qui est actuellement président d'une Ligue sociale d'acheteurs, exprimer son sentiment à cet égard.

M. VIENNET. — Les employés ne peuvent qu'être reconnaissants de ces efforts et s'y associer dans toute la mesure du possible. Mais ils sont bien obligés de considérer les résultats acquis.

M. LE PRÉSIDENT. — Je voudrais tirer une conclusion. Vous préféreriez — et les raisons de votre préférence sont si évidentes que je m'en voudrais d'y revenir — le système de M. de Mun au système du projet du gouvernement, système qui oblige les employeurs qui ne sont pas d'accord avec leurs collègues, à affirmer leur opinion. Il me semble que, sur ce point, vos organisations syndicales pourraient avoir une action utile et peut-être décisive auprès du Parlement. Je doute qu'actuellement et, personnellement, je le regrette — je doute qu'actuellement le Parlement vous accorde la journée de dix heures. Vous avez vu quelles sont les difficultés que le gouvernement a éprouvées à faire adopter un texte tout à fait insuffisant sur la journée de dix heures dans l'industrie.

Il me semble qu'au contraire, sur le point spécial qui nous occupe en ce moment, que vous auriez des chances d'aboutir à quelque succès. Si vous insistiez dans la presse, auprès de la Commission du travail, auprès de M. Justin Godard, auprès des membres du Parlement, vous pourriez obtenir gain de cause. Il n'y a pas, en effet, contradiction fondamentale, sur ce point, entre la proposition de M. de Mun et le projet du gouvernement. L'un et l'autre ne veulent imposer la fermeture qu'avec l'assentiment de la majorité des patrons, mais dans l'un des systèmes cet assentiment s'affirmera d'avance et expressément, tandis que dans l'autre, il ne se manifestera que par le silence et a posteriori, après la décision du Conseil municipal. Pratiquement, il y a une très grande différence. Croyez-vous que le Parlement fasse une opposition de principe à la substitution sur ce point particulier du système de Mun au système Viviani ?

M. VIENNET. — J'aime à croire que notre action rencontrerait le succès et nous sommes, pour notre part, tout disposés à l'exercer.

Les employés qui se sont trouvés en face de deux projet, l'un de M. de Mun qui leur donne satisfaction, l'autre de M. Viviani qui peut être comparé à un coup d'épée dans l'eau, se sont bornés jusqu'ici à combattre le projet Viviani et à prôner le projet de Mun. Peut-être convient-il aujourd'hui pour eux d'étudier tout le parti qu'on pourrait tirer de ce pis-aller que représente le projet du gouvernement.

M. LE PRÉSIDENT. — Votre formule est excellente. On ne peut avoir la prétention de faire du jour au lendemain quelque chose de parfait.

M. ARTAUD. — Nous avons eu, il y a quelques jours, une audience au Ministère du Travail et, profitant de cette audience, nous avons exprimé nos desiderata. Nous avons discuté très longuement et voici la conclusion à laquelle le gouvernement paraîtrait disposé à aboutir, c'est absolument le sens que vous indiquez : les organisations d'employés ne feraient pas d'opposition de principe à l'adoption de la proposition de la Commission tendant à fixer la durée du repos ininterrompu ; d'autre part, il serait laissé aux intéressés, employeurs et employés, une très grande latitude pour convenir ensemble que, dans telle condition, il y aurait lieu à telle fixation de la durée de la journée de travail.

Si les syndicats d'employés faisaient une campagne très énergique sur cette base, je crois qu'il y aurait des chances d'aboutir à des résultats pratiques. Mais il convient de demander si les organisations d'employés sont bien ce qu'elles devraient être et si elles sont assez fortement organisées pour mener cette campagne.

La conclusion de ces quelques paroles serait celle-ci :

c'est que les ententes auxquelles vous avez fait allusion seraient l'idéal, surtout en matière commerciale. Le commerce — cela a été démontré depuis longtemps — est plus facilement maléable et en même temps plus capricieux que l'industrie. On doit éviter dans le commerce les règles absolues, intransigeantes que l'on peut appliquer dans l'industrie. Les règles de travail ne doivent pas être les mêmes, parce que les conditions de la consommation ne sont pas les mêmes. Pour cela, il faudrait que les parties en présence soient au moins d'égale force. Or, il est évident que d'un côté le patronat commercial est très fortement organisé, tandis que de l'autre les employés ne le sont guère. Si nous exceptons deux grandes organisations parisiennes, le reste est à peu près embryonnaire. Or, c'est précisément en province que la loi sera plus particulièrement appelée à jouer, et nous sommes obligés de constater que les parties ne seront pas également fortes et également disciplinées.

Dans tous nos congrès corporatifs, nous n'avons jamais prétendu qu'il fallait faire des lois rigides devant lesquelles tout le monde devrait s'incliner. Nous avons surtout voulu faire appel à la bonne volonté de tous, aussi bien des patrons que des employés et si nous avons demandé en définitive l'intervention de la loi, c'est parce que nous reconnaissions l'inégalité des forces en présence.

M. le Président. — Il nous reste maintenant à prendre parti sur les vœux dont vous avez tout à l'heure entendu la lecture.

Si personne n'en demande une nouvelle lecture, je les mets aux voix.

(Les vœux, mis aux voix, sont adoptés à l'unanimité).

TEXTE DES VŒUX ADOPTÉS

L'Association nationale française pour la protection légale des travailleurs :

Considérant que la durée du travail des employés n'est soumise à aucune réglementation légale, même en ce qui concerne les femmes et les enfants ;

Que cette différence de traitement entre les travailleurs industriels et les travailleurs commerciaux ne peut être justifiée par l'intérêt général du commerce, puisqu'il est établi qu'un certain nombre d'établissements assurent déjà à leurs employés un régime de travail au moins équivalent à celui qui résulte des lois réglementant le travail des ouvriers ;

Emet le vœu :

Que la durée du travail dans les établissements commerciaux ne puisse dépasser dix heures par jour ;

Que lesdits établissements soient obligatoirement fermés de 9 heures du soir à 5 heures du matin ;

Que la loi donne aux municipalités la faculté de fixer des heures d'ouverture et de fermeture uniformes pour chaque catégorie d'établissements, après consultation des intéressés ;

Que les dérogations reconnues indispensables ne puissent dépasser deux heures par jour ni trente jours par an ;

Que les heures supplémentaires donnent lieu à une rétribution spéciale ;

Que le Parlement adopte au plus tôt la proposition de loi de Mun qui donne satisfaction aux vœux ci-dessus, sauf en ce qui concerne l'exception dont il fait bénéficier les établissements de famille et le nombre des dérogations annuelles.

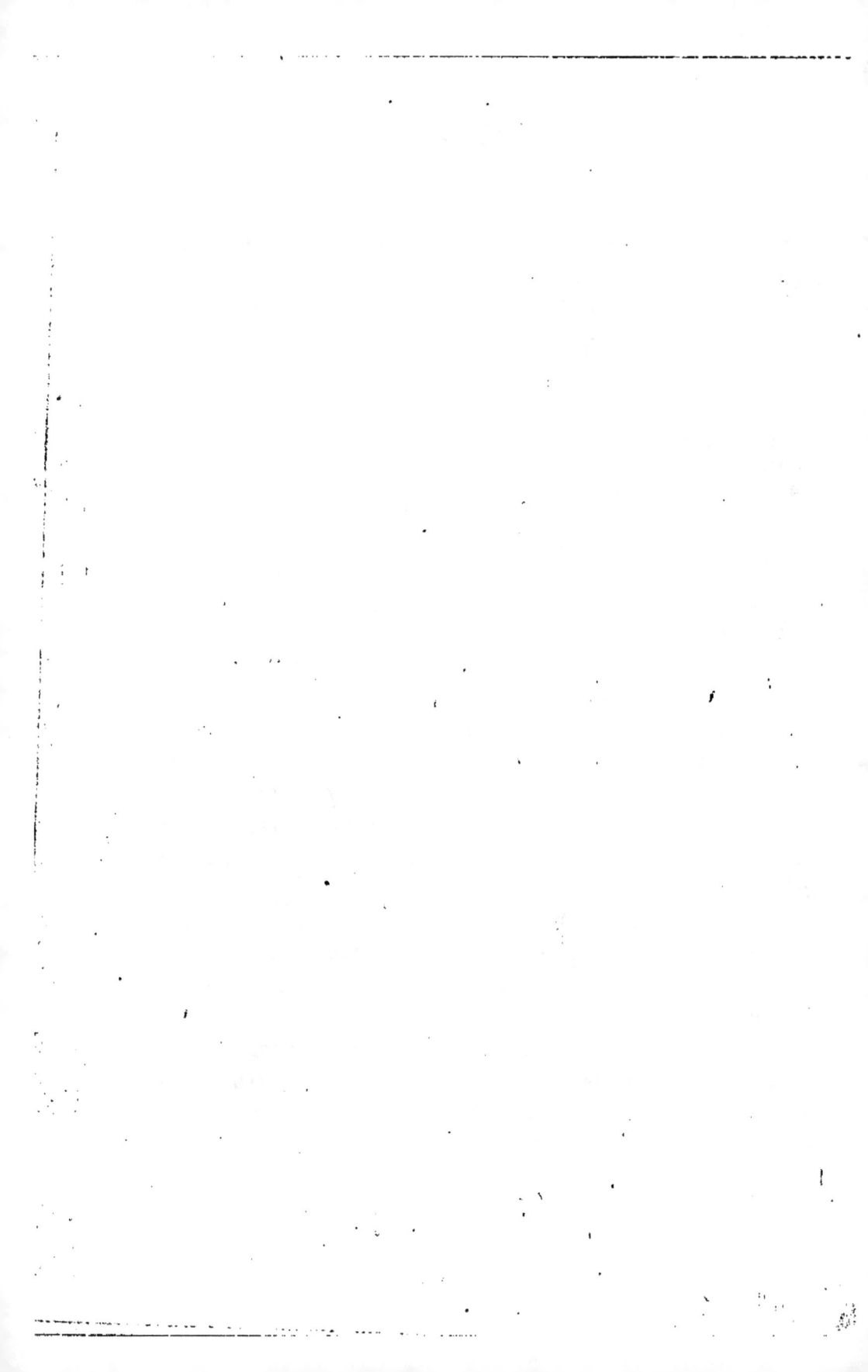

ANNEXES

I

TEXTE DU PROJET DE LOI

tendant à établir

un repos ininterrompu pour le personnel des magasins et bureaux

déposé le 3 Juillet 1910 à la Chambre des Députés

par M. RENÉ VIVIANI,
Ministre du Travail (1)

ARTICLE PREMIER. — Dans les magasins, boutiques, bureaux du commerce et de l'industrie et leurs dépendances, le travail journalier de toute personne employée doit être suivi d'un repos ininterrompu dont la durée ne peut être inférieure à onze heures.

Ce repos pourra être réduit à dix heures pour les catégories d'établissements qui seront déterminées par un règlement d'administration publique. Par mesure transitoire, et pendant un délai de deux années à dater de la promulgation de la présente loi, la limite de dix heures sera appliquée à tous les établissements visés par le paragraphe premier.

Sont exceptés les établissements où ne sont employés que les membres de la famille sous l'autorité soit du père, soit de la mère, soit du tuteur.

ART. 2. — Le Conseil municipal pourra, sur la demande des trois quarts dès chefs d'établissement intéressés, décider la fermeture à une heure déterminée d'une ou plusieurs catégories des magasins de la commune, comprenant tous les

(1) Documents parlementaires, Chambre des Députés, Annexe n° 273, *Journal officiel*, p. 650.

3

établissements faisant le même genre d'affaires et s'adressant à la même clientèle.

. L'arrêté ne sera exécutoire que trois mois après la date de sa publication. Il pourra être déféré au Conseil d'Etat dans le mois de sa notification aux intéressés. Dans ce cas, il ne sera pas exécutoire avant notification de la décision du Conseil d'Etat.

ART. 3. — Un règlement d'administration publique déterminera les mesures de contrôle nécessaires pour l'application de la présente loi.

ART. 4. — Les inspecteurs du travail sont chargés d'assurer l'application des dispositions de la présente loi dans les conditions prévues par les articles 17 à 21 de la loi du 2 novembre 1892. En cas d'infraction, les contrevenants sont passibles des pénalités prévues par les articles 26 à 29 de cette loi.

II

TEXTE DE LA PROPOSITION DE LOI

relative à la

Réglementation du travail dans les établissements commerciaux

déposée le 13 Juillet 1911

par M. Albert DE MUN, député [1]

ARTICLE PREMIER. — Dans les établissements commerciaux, c'est-à-dire dans les magasins, boutiques, bureaux du commerce et de l'industrie, les restaurants, cafés, laboratoires, cuisines, caves, chais, fournils et leurs dépendances, de quelque nature qu'ils soient, publics ou privés, laïques ou religieux, même lorsqu'ils ont un caractère de bienfaisance ou d'enseignement, la durée du travail de toute personne employée ne pourra, sous réserve des dérogations prévues à l'article 3, dépasser dix heures, aucun des six jours de la semaine.

Sont exceptés les établissements où ne sont employés que les membres de la famille, sous l'autorité du père, de la mère ou du tuteur.

ART. 2. — Dans les établissements de gros et les bureaux autres que ceux affectés à un service public, les samedis et veille de jours fériés, le travail ne devra pas dépasser huit heures, ni se prolonger au-delà de quatre heures de l'après-midi.

Au cas où, par l'effet des dérogations admises par l'article 3, le repos du samedi se trouverait supprimé, la réduction de la journée de travail à huit heures devrait porter sur un autre jour de la semaine.

(1) Documents parlementaires, Chambre des Députés, annexe n° 668, *Journal officiel*, p. 48.

ART. 3. — Soixante jours par an, à des conditions déterminées par un règlement d'administration publique, établi après consultation des chefs d'établissements et groupements professionnels intéressés, la durée journalière du travail pourra être prolongée jusqu'à douze heures.

Les employés auront droit à une rémunération spéciale convenable pour ces heures supplémentaires.

ART. 4. — La journée de travail devra être coupée d'un repos d'au moins une heure et demie et d'un repos ininterrompu d'au moins onze heures.

ART. 5. — Dans toute commune, le Conseil municipal pourra promulguer un règlement fixant les heures d'ouverture et de fermeture des établissements faisant le même genre d'affaires et s'adressant à la même clientèle.

Ce règlement deviendra obligatoire pour tous les établissements de la catégorie visée, un mois après notification aux chefs de ces établissements, si, avant l'expiration de ce délai un tiers de ceux-ci n'ont pas fait opposition par inscription sur un registre ouvert à la mairie.

Le Conseil municipal sera tenu de procéder ainsi qu'il est dit ci-dessus toutes les fois qu'il en sera requis par un chef d'établissement ou par un Syndicat professionnel d'employés.

ART. 6. — Dans les communes comptant plus de 4,000 habitants, les établissements visés au premier paragraphe de l'article premier, sans excepter ceux qui n'occupent que des membres de la famille, devront être fermés les dimanches et jours fériés. Un règlement d'administration publique déterminera les dérogations indispensables pour certaines catégories d'établissements.

ART. 7. — Dans toute commune, les établissements visés à l'article premier devront être fermés de neuf heures du soir à cinq heures du matin.

Le règlement d'administration publique prévu à l'article 6 déterminera les dérogations indispensables pour certaines catégories d'établissements.

Le même règlement déterminera les cas et les conditions dans lesquels les femmes pourront être exceptionnellement employées après neuf heures du soir et avant cinq heures du matin.

Les enfants de moins de dix-huit ans ne pourront, en aucun cas, être employés entre neuf heures du soir et cinq heures du matin.

ART. 8. — Les règles édictées par l'article 2 de la loi du 2 novembre 1892 sont applicables dans les établissements visés à l'article 1er.

ART. 9. — Un règlement d'administration publique déterminera les règles de contrôle nécessaires pour l'application de la présente loi.

ART. 10. — Les inspecteurs du travail sont chargés d'assurer l'application des dispositions de la présente loi dans les conditions prévues par les articles 17 à 21 de la loi du 2 novembre 1892.

ART. 11. — Les infractions aux dispositions de la présente loi, des règlements d'administration publique prévus par les articles ci-dessus, des arrêtés municipaux prévus par l'article 5, seront passibles des pénalités édictées par la loi du 9 septembre 1848.

Les personnes condamnées par application du présent texte ne pourront, pendant un an, recevoir aucune distinction honorifique.

En cas de récidive, elles seront, en outre, déchues pour cinq ans du droit d'éligibilité au Conseil des prud'hommes, au Tribunal de commerce et au Conseil supérieur du travail et ne pourront, durant le même laps de temps, recevoir aucune distinction honorifique.

ART. 12. — La présente loi ne sera applicable que six mois après sa promulgation.

III

TEXTE DU PROJET DE LOI

relatif à la

Réglementation du travail dans les établissements commerciaux

présenté, le 11 mars 1914, au nom de la Commission du Travail de la Chambre des Députés

par M. Justin GODART (1)

ARTICLE PREMIER. — Dans les établissements commerciaux, tels que les magasins, boutiques, bureaux du commerce et de l'industrie, les restaurants, cafés, pharmacies, laboratoires, cuisines, caves, chais, fournils et leurs dépendances, de quelque nature qu'ils soient, publics ou privés, laïques ou religieux, même lorsqu'ils ont un caractère de bienfaisance et d'enseignement, le travail journalier des mineurs de dix-huit ans et des femmes employées doit être suivi d'un repos ininterrompu dont la durée ne peut être inférieure à onze heures.

ART. 2. — Pour les mineurs de dix-huit ans et les femmes, le repos ininterrompu de onze heures prévu à l'article précédent ne peut commencer après neuf heures du soir ni prendre fin avant cinq heures du matin.

ART. 3. — La loi du 2 novembre 1892 est applicable aux mineurs de dix-huit ans employés dans les établissements commerciaux.

ART. 4. — Les dispositions de l'article 1er s'appliquent aux adultes employés.

_____

(1) Documents parlementaires, Chambre des députés, Annexe n° 3600, *Journal officiel*, p. 1392.

ART. 5. — Le repos peut être réduit à 10 heures pour les catégories d'établissements à déterminer par un règlement d'administraiion publique.

Par mesure transitoire et pendant un délai d'un an à dater de la mise en vigueur de la présente loi, le repos de 10 heures est appliqué à tous les établissements visés par l'article 1er.

Art. 6. — La journée de travail doit être coupée d'un repos d'au moins une heure et demie pour tout le personnel.

ART. 7. — Lorsque, dans une commune ou plusieurs chefs d'établissement de même catégorie ou un syndicat professionnel de commerçants ou d'employés, une association de consommateurs le demanderont, le maire devra consulter tous les commerçants intéressés sur les heures qu'il conviendrait de fixer pour l'ouverture et la fermeture à la vente de leurs magasins, ainsi que sur l'emploi des dérogations à l'occasion des foires, marchés ou des ventes de saison.

Les heures adoptées par les trois quarts des commerçants consultés sur l'organisation de la fermeture par roulement prévue par eux seront, par arrêté des maires, rendues obligatoires, soit dans toute l'étendue de la commune, soit dans un quartier déterminé, pour tous les établissements faisant le même genre d'affaires et s'adressant à la même clientèle.

L'arrêté ne sera exécutoire que trois mois après la date de sa publication.

Pendant le temps où les magasins devront être fermés à la vente, il sera défendu de vendre des marchandises, objet de leur commerce, sur les voies, rues, places et autres endroits publics.

ART. 8. — Trente jours par an, le repos peut être réduit à dix heures.

ART. 9. — Un règlement d'administration publique détermine les mesures de contrôle nécessaires pour l'application de la loi.

ART. 10. — Les inspecteurs du travail sont chargés d'assurer l'application des dispositions de la présente loi dans les conditions prévues par les articles du Code du travail.

En cas d'infraction, les contrevenants sont passibles des pénalités prévues par les articles du Code du travail.

ART. 11. — La présente loi n'entrera en vigueur que six mois après sa promulgation.

TABLE DES MATIÈRES

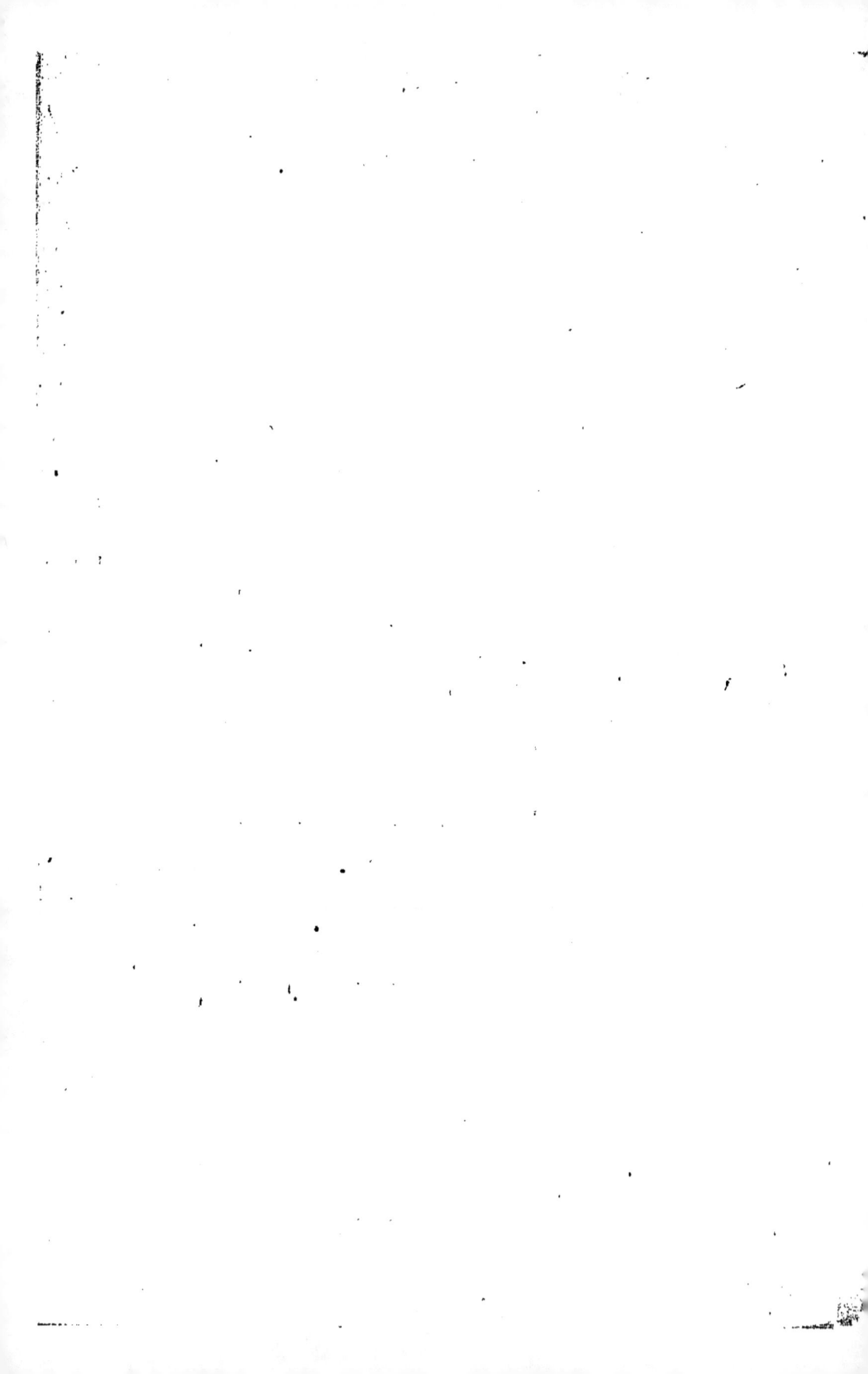

TABLE MÉTHODIQUE

des Publications de l'Association nationale française pour la Protection Légale des Travailleurs

EN VENTE CHEZ F. ALCAN, éditeur, 108, boulevard St-Germain
et Marcel RIVIÈRE, 31, rue Jacob

QUESTIONS GÉNÉRALES

L'Association internationale pour la protection légale des travailleurs et sa section française, par M. ANDRÉ LICHTENBERGER.

De la sanction par l'autorité publique des accords entre chefs d'entreprise commerciales et industrielles pour l'amélioration des conditions du travail, par MM. A. ARTAUD, membre du Conseil supérieur du Travail ; MAURICE DESLANDRES, professeur à la Faculté de droit de l'Université de Dijon ; JUSTIN GODART, député, 1912. — Une brochure, 80 p., in-16 (*Septième série, n° 3*). — 1 fr.

CONVENTIONS INTERNATIONALES DE TRAVAIL

La Conférence officielle de Berne (*Travail de nuit des femmes. — Emploi du phosphore blanc*), par M. A. MILLERAND, député, ancien ministre, 1905, — Une brochure, 20 p., in-16 (*Troisième série, n° 2*). — 0 fr. 60.

La deuxième Conférence officielle de Berne (*Travail de nuit des jeunes ouvriers. — Journée de 10 heures*), par M. A. MILLERAND, député, ancien ministre, 1913. — Une brochure, 51 p. in-16 (*Nouvelle série, n° 6*). — 1 franc.

PROTECTION LÉGALE DES EMPLOYÉS

La protection légale de l'employé et la réglementation du travail des magasins, par M. A. ARTAUD, membre du Conseil supérieur du Travail, 1903. — Une brochure, 35 p., in-16 (*Première série, n° 5*). — 0 fr. 60.

La réglementation légale de la durée du travail des employés, par M. EDGARD DEPITRE, professeur à la Faculté de droit de l'Université de Lille, 1911. — Une brochure, in-16 (*Publications de la section du Nord. Sixième série bis*). — 1 fr. 50.

Les Veillées dans le commerce, par M. CHARLES VIENNET, secrétaire général du Syndicat des Employés du commerce et de l'industrie, 1914. — Une brochure, 40 p., in-16 (*Nouvelle série, n° 8*). — 1 franc.

Cf. QUESTIONS GÉNÉRALES (*Accords entre chefs d'entreprises*). — REPOS HEBDOMADAIRE (*Dérogations*).

INDUSTRIE A DOMICILE

La réglementation du travail en chambre, par M. F. FAGNOT, enquêteur à l'Office du Travail, 1904. — Une brochure, 60 p., in-16 (*Première série, n° 7*). — 0 fr. 60

Le travail à domicile en France, par MM. PAUL PIC et A. AMIEUX, 1906 (*Rapport à l'Assemblée générale de Genève*). — 0 fr. 30.

Le minimum de salaire dans l'industrie à domicile, par MM. B. RAYNAUD, professeur à la Faculté de droit de l'Université d'Aix-en-Provence ; comte A. DE MUN, député ; abbé MÉNY, 1912. — Un volume, 316 p., in-16 (*Septième série, n° 1*). — 2 fr. 50.

Cf. AUXILIAIRES DE L'INSPECTION (*Ligue sociale d'acheteurs*).

RÉGLEMENTATION DU TRAVAIL DANS LES MARCHÉS DE TRAVAUX PUBLICS

L'application dans la région du Nord et la revision des décrets sur les conditions du travail dans les marchés des administrations publiques, par MM. BARGERON, inspecteur du travail, et MASSON, président du Syndicat des typographes de Lille, 1908. — Une brochure, 90 p., in-16 (Publications de la section du Nord. *Cinquième série bis, n° 2*). — 1 franc.

LÉGISLATION DU TRAVAIL AUX COLONIES

La protection des travailleurs indigènes aux colonies, par M. RENÉ PINON, 1903. — Une brochure, 30 p., in-16 (*Première série, n° 8*). — 0 fr. 60.

TRAVAIL DES ENFANTS

L'âge d'admission des enfants au travail industriel. — Le travail de demi-temps, par M. Et. MARTIN-SAINT-LÉON, bibliothécaire du Musée social, 1903. — Une brochure, 43 p., in-16 (*Première série, n° 3*). — 0 fr. 60.

L'emploi des enfants dans les théâtres et cafés-concerts, par M. RAOUL JAY, professeur à la Faculté de droit de l'Université de Paris, 1904. — Une brochure, 17 p., in-16 (*Première série, n° 9*). — 0 fr. 60.

La protection légale des enfants occupés hors de l'industrie. — I. La loi anglaise, par M. EDOUARD DOLLÉANS, 1906. — Une brochure, 68 p. in-16 (*Troisième série, n° 4*). — 0 fr. 60.

La protection légale des enfants employés hors de l'industrie. — II. La loi allemande, par M. HENRY MOYSSET, 1906. — Une brochure, 60 p., in-16 (*Troisième série, n° 5*). — 0 fr. 60.

La protection légale des enfants occupés hors de l'industrie. — III. La situation en France, par MM. G. MÉNY, PAUL GEMAHLING, Mlle BLONDELU, MM. GEORGES PIOT, RAOUL JAY, LÉON VIGNOLS, 1906. — Une brochure, 103 p. in-16 (*Troisième série, n° 6*). — 0 fr. 60.

Le travail de nuit des adolescents dans l'industrie française, par M. Et. MARTIN SAINT-LÉON, bibliothécaire du Musée social, 1906. — Une brochure, 55 p., in-16 (*Rapport présenté à l'Assemblée générale de Genève*). — 0 fr. 60.

Le travail de nuit des enfants dans les usines à feu continu, par M. F. FAGNOT, enquêteur à l'Office du Travail, 1908. — Une brochure, 56 p., in-16 (*Rapport présenté à l'Assemblée générale de Lucerne*). — 0 fr. 60.

Le travail industriel des enfants, par M. GEORGES ALFASSA, 1908. — Une brochure, 37 p., in-16 (*Rapport présenté à l'Assemblée générale de Lucerne*). — 0 fr. 60.

Le travail de nuit des enfants dans les usines à feu continu, par M. LÉVÊQUE, inspecteur du travail, 1909. — Une brochure, 48 p., in-16 (Publications de la section du Nord (*Sixième série bis*, n° 2.) — 0 fr. 60.

Le travail de nuit des enfants dans les usines à feu continu, par M. l'abbé LEMIRE, député, 1910. — Une brochure, 54 p., in-16 (*Sixième série,* n° 4). — 1 franc.

La réduction du nombre des enfants employés la nuit dans les verreries, par M. LÉVÊQUE, inspecteur du travail, 1911. — Publications de la section du Nord. *Sixième série bis,* n° 2). — 1 fr. 60.

La deuxième Conférence officielle de Berne (*Travail de nuit des jeunes ouvriers. — Journée de 10 heures*), par M. A. MILLERAND, député, ancien ministre, 1913. — Une brochure, 51 p., in-16 (*Nouvelle série,* n° 6). — 1 franc.

Cf. — ACCIDENTS DU TRAVAIL.

TRAVAIL DES FEMMES

La protection légale des femmes avant et après l'accouchement, par M. le docteur FAUQUET, 1903. — Une brochure, 29 p., in-16 (*Première série,* n° 1). — 0 fr. 60.

La Conférence officielle de Berne (*Travail de nuit des femmes*), par M. A. MILLERAND, député, 1905. — Une brochure, 20 p., in-16 (*Troisième série* n° 2). — 0 fr. 60.

De l'extension de la loi du 29 décembre 1900 aux femmes employées dans l'industrie, par Mme DE LA RUELLE, inspectrice du travail, 1906. — Une brochure, 36 p., in-16 (*Troisième série,* n° 7). — 0 fr. 60.

La protection de la maternité ouvrière, par MM. PAUL STRAUSS, sénateur, et Louis MARIN, député, 1912. — Une brochure, 100 p., in-16 (*Septième série,* n° 2). — 1 franc.

Cf. — INDUSTRIE A DOMICILE. — DURÉE DU TRAVAIL (*Deuxième Conférence officielle de Berne*).

DURÉE DE LA JOURNÉE DE TRAVAIL

La réglementation hebdomadaire de la durée du travail. — Le repos du samedi, par MM. Ivan STROHL, industriel, et F. FAGNOT, enquêteur à l'Office du Travail, 1903. — Une brochure, 39 p., in-16 (*Première série,* n° 2). — 0 fr. 60.

La réglementation de la durée du travail dans les mines, par M. l'abbé LEMIRE, député, 1904. — Une brochure, 44 p., in-16° (*Première série,* n° 6). — 0 fr. 60.

La durée légale du travail. — Des modifications à apporter à la loi de 1900, par MM. FAGNOT, enquêteur à l'Office du Travail; MILLERAND, député, et STROHL, industriel, 1905. — Un volume, 300 p., in-16 (*Deuxième série*). — **2 fr. 50.**

Le contrôle de la durée du travail, par M. GEORGES ALFASSA, 1905. — Une brochure, 59 p., in-16 (*Troisième série, n° 3*). — **0 fr. 60.**

La limitation de la journée légale de travail en France, par M. RAOUL JAY, professeur à la Faculté de droit de l'Université de Paris, 1906. — Une brochure, 92 p., in-16 (*Rapport à l'Assemblée générale de Genève.* — **0 fr. 60.**

L'organisation du travail dans les usines à feu continu, par M. P. BOULIN, inspecteur divisionnaire du travail, 1912. — Une brochure, 18 p., in-16° (*Rapport présenté à l'Assemblée générale de Zurich*). — **1 fr.**

La réglementation du travail dans les usines à marche continue, par M. F. FAGNOT, enquêteur à l'Office du Travail, 1913 (*Nouvelle série, n° 1*). — **1 fr. 50.**

La deuxième Conférence officielle de Berne (*Travail de nuit des jeunes ouvriers. — Journée de 10 heures pour les femmes et les jeunes ouriers*), par M. A. MILLERAND, député, ancien ministre, 1913. — Une brochure, 51 p., in-16 (*Nouvelle série, n° 6*). — **1 franc.**

Cf. PROTECTION LÉGALE DES EMPLOYÉS.

REPOS HEBDOMADAIRE et SEMAINE ANGLAISE

La réglementation hebdomadaire de la durée du travail. — Le repos du samedi, par MM. IVAN STROHL, industriel et F. FAGNOT, enquêteur à l'Office du Travail, 1903. — Une brochure, 39 p. in-16 (*Première série, n° 2*). — **0 fr. 60.**

Les dérogations au repos collectif du dimanche, par M. PAUL AUBRIOT, député, 1914. — Une brochure in-16 (*Nouvelle série, n° 7*). — **1 franc.**

La Semaine anglaise. — Le repos de l'après-midi du samedi, par M. RAOUL JAY, professeur à la Faculté de Droit de l'Université de Paris, 1914. — Une brochure, 60 p. In-16 (*Nouvelle série, n° 9*). — **1 franc.**

Cf. DURÉE DU TRAVAIL (*Modifications à la loi de 1900*).

TRAVAIL DE NUIT

Le travail de nuit dans les boulangeries, par M. JUSTIN GODART, député, 1910. — Une brochure, 47 p., in-16 (*Sixième série, n° 3*). — **0 fr. 60.**

Cf. — TRAVAIL DES ENFANTS (*Usines à feu continu*). — TRAVAIL DES FEMMES (*Conférence de Berne*). — PROTECTION LÉGALE DES EMPLOYÉS (*Veillées*).

HYGIÈNE ET SÉCURITÉ DES TRAVAILLEURS

L'interdiction de la céruse dans l'industrie de la peinture, par M. J. L. BRETON, député, 1905. — Une brochure, 60 p, in-16 (*Troisième série, n° 1*). — **0 fr. 60.**

La conférence officielle de Berne (*emploi du phosphore blanc*), par M. A. MILLERAND, député, 1905. — Une brochure, 20 p., in-16 (*Troisième série, n° 2*). — **0 fr. 60.**

Les poisons industriels, par M. Georges ALFASSA, ingénieur E. C. P 1906. — Une brochure, 31 p., in-16 (*Rapport à l'Assemblée générale de Genève*). — **0 fr. 60.**

La réforme de la procédure de la mise en demeure, organisée par la loi du 12 juin 1893 - 11 juillet 1903, sur l'hygiène et la sécurité des travailleurs, par M. E. BRIAT, membre du Conseil supérieur du Travail, 1910. — Un volume, 160 p., in-16 (*Sixième série, n° 2*). — **2 fr. 50.**

Les maladies professionnelles, par M. J.-L. BRETON, député, 1911.— Une brochure, 104 p., in-16 (*Sixième série, n° 5*). — **1 fr.**

La réglementation des conditions de sécurité et d'hygiène dans les chantiers de construction, par Bernard DÉCAILLY, inspecteur départemental du travail à Lille, 1913. — Une brochure, 90 p., in-16. Publication de la section du Nord. (*Nouvelle série, n° 5*), — **1 franc.**

Cf. Travail des femmes (*Maternité*).

ACCIDENTS DU TRAVAIL

L'Assurance ouvrière et les ouvriers étrangers, par M. Henri BARRAULT, 1906. — Une brochure, 10 p., in-16 (*Rapport à l'Assemblée générale de Genève*). — **0 fr. 10.**

La réalisation de l'égalité entre nationaux et étrangers, au point de vue de l'indemnisation des accidents du travail par voie de convention internationale, par M. A. BOISSARD, 1908. — Une brochure, 10 p., in-16 (*Rapport à l'Assemblée générale de Lucerne*). — **0 fr. 10.**

Les accidents du travail dans l'agriculture, par M. Henri CAPITANT, professeur à la Faculté de droit de l'Université de Paris, 1909. — Un volume, 112 p., in-16 (*Cinquième série, n° 6*). — **1 fr. 75.**

La prévention des accidents sur les voies ferrées des usines, par M. LÉVÊQUE, inspecteur du travail, 1909. — Une brochure, 33 p., in-16 (Publication de la section du Nord. *Cinquième série bis, n° 4*). — **0 fr. 60.**

Les accidents du travail survenus aux enfants âgés de moins de treize ans, par M. Henri CAPITANT, professeur à la Faculté de droit de l'Université de Paris, 1913. — Une brochure, 53 p., in-16 (*Nouvelle série n° 3*). — **1 fr.**

PROTECTION DU SALAIRE

La loi du 7 mars 1850 et le mesurage du travail à la tâche, par M. A. BOISSARD, 1908. — Une brochure, 86 p., in-16 (*Cinquième série, n° 2*). — **0 fr. 60.**

La saisie-arrêt des salaires et traitements, par M. Charles GUERNIER, professeur à la Faculté de droit de Lille, député d'Ille-et-Vilaine, 1913. — Une brochure, 47 p., in-16 (*Nouvelle série, n° 2*). — **1 fr.**

Cf. — Industrie a domicile (*Minimum de salaire*).

CONTRAT DE TRAVAIL

Le contrat de travail (*Examen du projet de loi du gouvernement sur le contrat individuel et la convention collective*, par MM. PERREAU, professeur à la Faculté de droit de l'Université de Paris, et F. FAGNOT, enquêteur à l'Office du Travail, 1907. — Un volume, 218 p., in-16 (*Quatrième série*). — **3 fr. 50.**

Le contrat de travail et le Code civil (*Examen des textes que la Commission du Travail de la Chambre des députés propose d'introduire dans le Code civil*), par MM. PERREAU, professeur à la Faculté de droit de l'Université de Paris, et GROUSSIER, député, 1908. — Un volume, 261 p., in-16 (*Cinquième série, n° 3*). — **3 fr. 50.**

La Réglementation légale de la Convention collective de Travail, par M. ARTHUR GROUSSIER, député, 1913. — Une brochure, 138 p. in-16 (*Nouvelle série, n° 4*). — **1 fr. 50.**

CONFLITS DU TRAVAIL

La grève et l'organisation ouvrière, par M. A. MILLERAND, député 1906. — Une brochure, 48 p., in-16 (*Troisième série, n° 8*). — **0 fr. 60.**

La conciliation dans les conflits collectifs et les travaux de la section du Nord de l'Association, par M. AFTALION, professeur à la Faculté de droit de l'Université de Lille, 1908. — Une brochure, 168 p., in-16 (*Cinquième série, n° 1*). — **0 fr. 60.**

Le règlement amiable des conflits du travail, par MM. AFTALION, professeur à la Faculté de droit de l'Université de Lille; ARQUEMBOURG, ingénieur des arts et manufactures, et FAGNOT, enquêteur à l'Office du Travail, 1911. — Un volume 219 p., in-16 (*Sixième série, n° 7*). — **2 fr. 50.**

CHOMAGE

Les caisses de chômage, par M. Ch. DE LAUWEYRENS DE ROOSENDAELE, docteur en droit, 1907. — (*Publications de la section du Nord. Cinquième série bis, n° 1*). — **1 fr.**

La lutte contre le chômage dans le Nord, par M. Ch. DE LAUWEYRENS DE ROOSENDAELE, docteur en droit, 1910. — Une brochure, 56 p., in-16. — (*Publications de la section du Nord. Cinquième série bis, n° 5*). — **1 fr.**

Les problèmes du chômage, par MM. F. FAGNOT, enquêteur à l'Office du Travail; MAX LAZARD, Docteur en droit, et LOUIS VARLEZ, Président de la Bourse du Travail et du Fonds de Chômage de Gand, 1910. — Un volume, 215 p., in-16 (*Sixième série, n° 1*). — **2 fr. 50.**

PLACEMENT

Le placement et sa réorganisation, par MM. ALFRED DODANTHUN et CH. DE LAUWEREYNS DE ROOSENDAELE, Docteurs en droit, 1912. — Une brochure, 79 p., in-16. (*Publications de la section du Nord. Sixième série bis, n° 3*). — **1 fr. 50.**

CONSEILS DE PRUD'HOMMES

Les demandes reconventionnelles devant le Conseil des prud'-hommes, par M. E. BRIAT, membre du Conseil supérieur du Travail, 1911. — Une brochure, 54 p., in-16 (*Sixième série, n° 6*). — **1 franc.**

INSPECTION DU TRAVAIL

La réforme de l'Inspection du travail en France, par M. EUGÈNE PETIT, avocat à la Cour d'Appel de Paris, 1909. — Un volume, 298 p., in-16 (*Cinquième série, n° 4*). — **3 fr. 50.**

Cf. DURÉE DU TRAVAIL (*Contrôle*); HYGIÈNE ET SÉCURITÉ (*Mise en demeure*).

AUXILIAIRES DE L'INSPECTION DU TRAVAIL

La Ligue sociale d'acheteurs, par Mᵐᵉ JEAN BRUNHES, 1903. — Une brochure, 36 p., in-16 (*Première série, n° 4*). — **0 fr. 60.**

Le droit de citation directe pour les associations, par M. HENRI HAYEM, 1904. — Une brochure, 21 p., in-16 (*Première série, n° 10*). — **0 fr. 60.**

Collaboration des ouvriers organisés à l'œuvre de l'Inspection du travail, par M. HENRI LORIN, 1909. — Un volume, 174 p., in-16 *Cinquième série, n° 5*). — **1 fr. 75.**

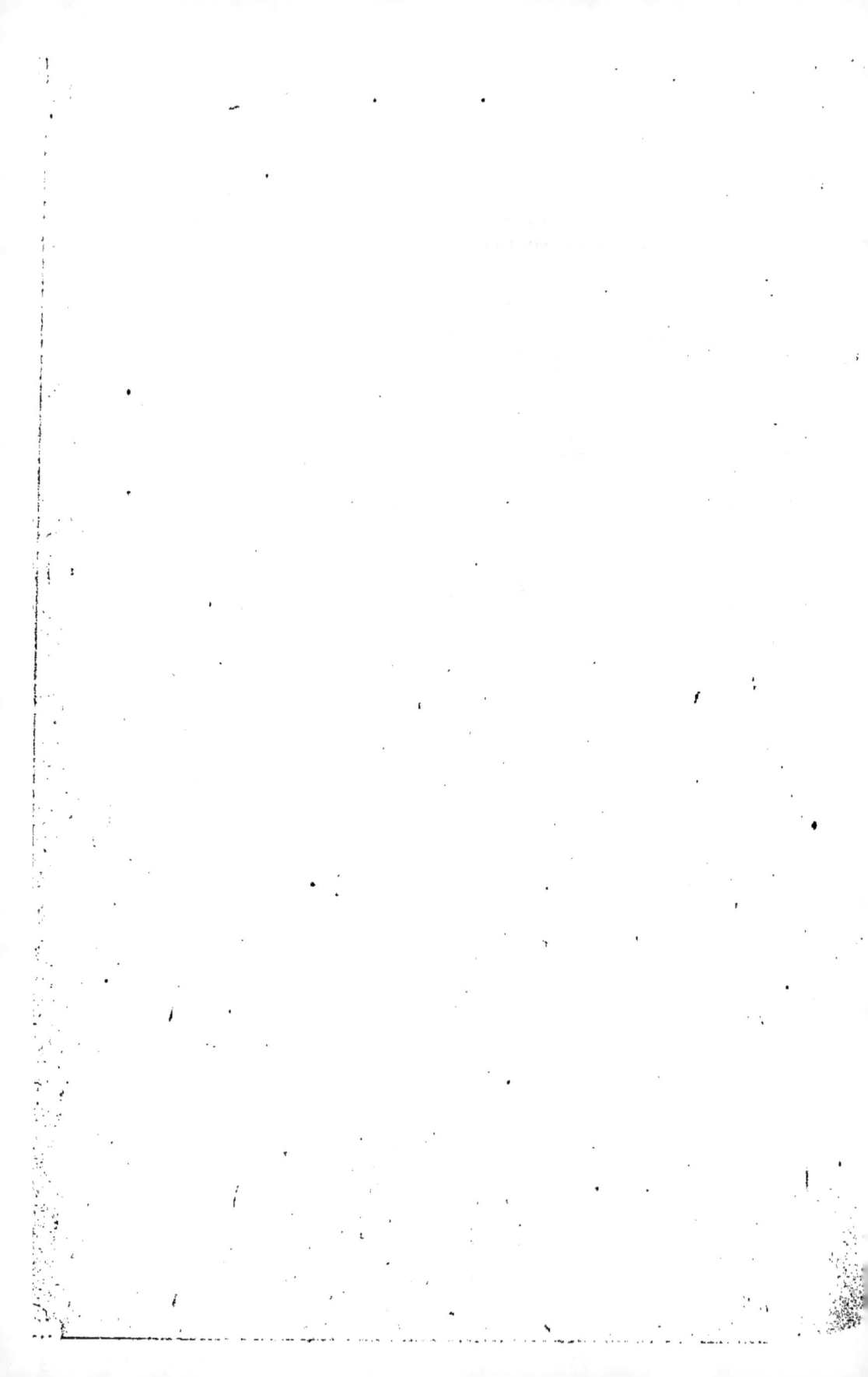

PUBLICATIONS

DE

l'Association Internationale pour la Protection Légale des Travailleurs

---

PUBLIÉ PAR LE BUREAU DE L'ASSOCIATION INTERNATIONALE
POUR LÁ PROTECTION LÉGALE DES TRAVAILLEURS

Président : Henri SCHERRER, conseiller d'Etat, à Saint-Gall ; *Vice-Président* : Adrien LACHENAL, ancien conseiller fédéral ; *Secrétaire général* : Stéphan BAUER, professeur à l'Université de Bâle.

N• 1. — L'Association internationale pour la Protection légale des Travailleurs. — Assemblée constitutive tenue à Bâle les 27 et 28 septembre 1901. — Rapports et compte rendu des séances. — 1 vol. 270 p. PRIX : 5 fr.

N° 2. — Compte rendu de la 2ᵉ assemblée générale du Comité de l'Association internationale pour la Protection légale des Travailleurs, tenue à Cologne les 26 et 27 septembre 1902, suivi de rapports annuels de l'Association internationale et de l'Office international du Travail. 1903. — 1 vol., 82 p. PRIX : 2 fr.

N• 3. — Compte rendu de la 3ᵉ assemblée générale du Comité de l'Association internationale pour la Protection légale des Travailleurs, tenue à Bâle les 26, 27 et 28 septembre 1901, suivi de rapports annuels de l'Association internationale et de l'Office international du Travail. 1905. — 1 vol., 176 p. PRIX : 4 fr.

N° 4. — Deux mémoires présentés aux Gouvernements des Etats industriels en vue de la convocation d'une Conférence internationale de protection ouvrière. — I. Mémoire explicatif sur les bases d'une interdiction internationale du travail de nuit des femmes. — II. Mémoire explicatif sur l'interdiction de l'emploi du phosphore blanc dans l'industrie des allumettes. 1905. — 1 vol., 49 p. Prix : 2 fr. 50.

N° 5. — Compte rendu de la 4ᵉ assemblée générale du Comité de l'Association internationale pour la Protection légale des Travailleurs, tenue à Genève les 26, 27, 28 et 29 septembre 1906, suivi des rapports annuels de l'Association internationale et de l'Office international du Travail. 1907. — 1 vol., 163 p. Prix : 4 fr.

N° 6. — Compte rendu de la 5ᵉ assemblée générale du Comité de l'Association internationale pour la Protection légale des Travailleurs, tenue à Lucerne les 28, 29 et 30 septembre 1908, suivi des rapports annuels de l'Association internationale et de l'Office international du Travail. 1909. — 1 vol., 216 p. Prix : 5 fr.

N° 7. — Compte rendu de la 6ᵉ assemblée générale du Comité de l'Association internationale pour la Protection légale des Travailleurs, tenue à Lugano les 26, 27 et 28 septembre 1910, suivi des rapports annuels de l'Association internationale et de l'Office international du Travail. 1910. — 1 vol., 193 p. Prix : 5 fr.

Les Industries insalubres. — Rapport sur leurs dangers et les moyens de les prévenir, particulièrement dans l'industrie des allumettes et celles qui fabriquent ou emploient des couleurs de plomb. Publié au nom de l'Association internationale et précédé d'une préface par St. Bauer, professeur à l'Université de Bâle, directeur de l'Office international du Travail. 1903. — 1 vol., 460 p. Prix : 7 fr. 50.

Le Travail de nuit des femmes dans l'industrie. — Rapports sur son importance et sa réglementation légale. Publiés au nom de l'Association internationale et précédés d'une préface par St. Bauer, professeur à l'Université de Bâle, directeur de l'Office international du Travail. 1903. — 1 vol., 384 p. Prix : 6 fr.

Rapport comparatif sur l'application des lois ouvrières. — Publié par l'Office international du Travail à Bâle. Tome 1. L'Inspection du Travail en Europe. 1910.

OUVRAGES NON MIS EN VENTE :

Association pour la Protection légale des Travailleurs. Concours international pour la lutte contre le saturnisme.

Les Fonderies de plomb, par M. BOULIN, inspecteur divisionnaire du Travail à Lille. Ouvrage couronné.
   (*Extrait du Bulletin de l'Inspection du Travail, 1906, n°s 5 et 6*).

Le Saturnisme dans la typographie, par M. DUCROT, ancien élève de l'Ecole polytechnique. Ouvrage couronné.
   (*Extrait du Bulletin de l'Inspection du Travail, 1906, n°s 5 et 6*).

L'Association internationale pour la Protection légale des Travailleurs et l'Office international du Travail, 1901-1910. — Origines. — Organisations. — Œuvre réalisée. — Documents. — Rapport présenté au Congrès mondial des associations internationales (Bruxelles, mai 1910), par S. BAUER, secrétaire général de l'Association internationale pour la Protection légale des Travailleurs, directeur de l'Office international du Travail, professeur à l'Université de Bâle. Bruxelles 1910 (*épuisé*).

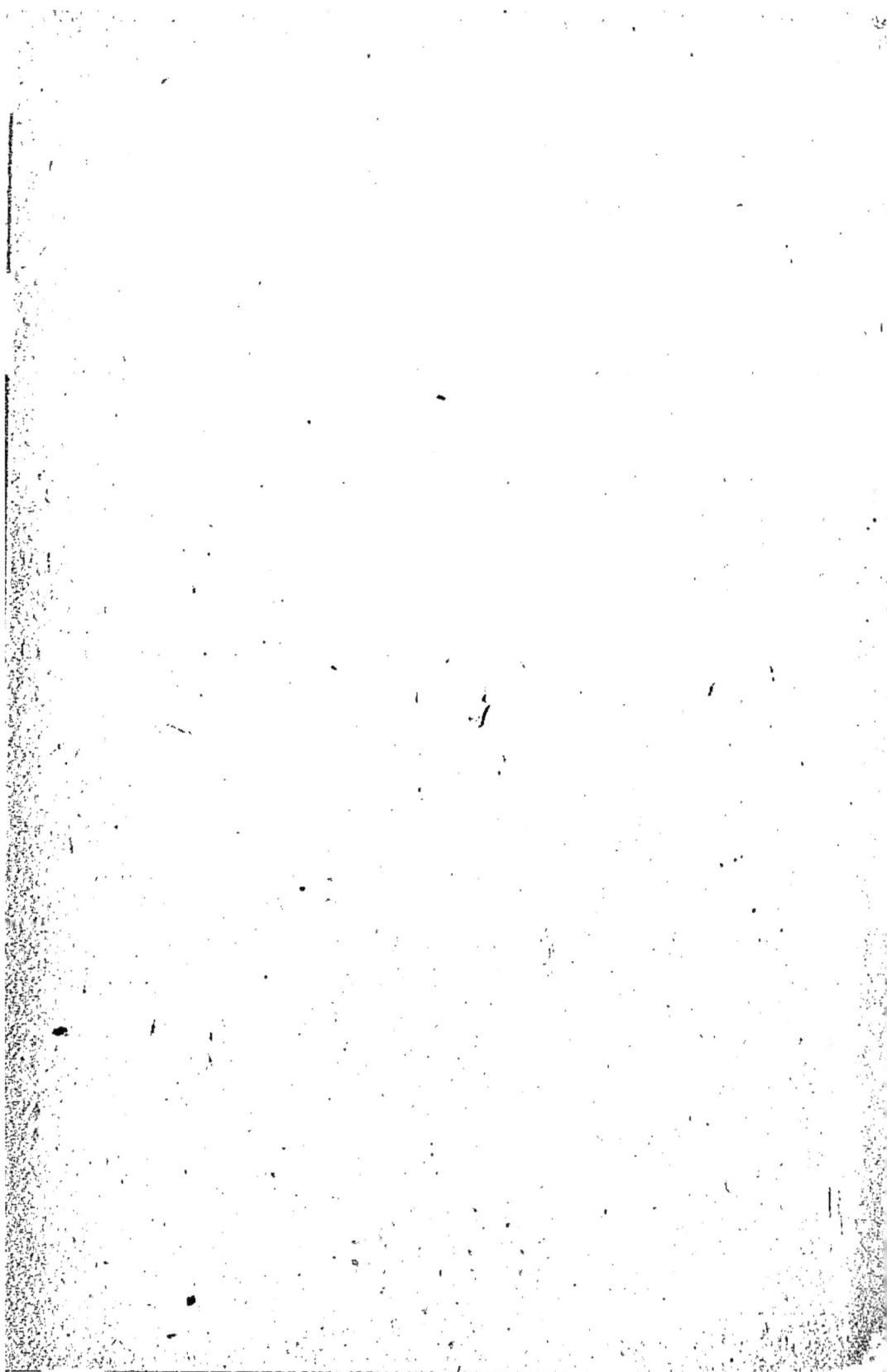

Publications de l'Association Nationale Française pour la Protection Légale des Travailleurs

EN VENTE CHEZ F. ALCAN, éditeur, 108, boulevard Saint-Germain
et Marcel RIVIÈRE, 31, rue Jacob

PREMIÈRE SÉRIE

DEUXIÈME SÉRIE

TROISIÈME SÉRIE

VII. *De l'extension de la loi du 29 décembre 1900 aux femmes employées dans l'industrie.* — Rapport de M⁰ᵉ DE LA RUELLE, inspectrice du travail

VIII. *La grève et l'organisation ouvrière.* — Communication de M. A. MILLERAND, président de l'Association.

Chaque br. : 0 f. 60. L'ensemble de ces broch. forme un vol de 3 f. 50 sous le titre:

LA PROTECTION LÉGALE DES TRAVAILLEURS. — 3ᵉ série (1905-1906)

Rapports présentés au Congrès de Lucerne (1908) par la Section française

Le travail de nuit des adolescents dans l'industrie française. — Rapport de M. MARTIN-SAINT-LÉON. — Brochure, 0 fr. 60.

Les poisons industriels. — Rapport de M. Georges ALFASSA. — Brochure, 0 fr. 60.

L'assurance ouvrière et les ouvriers étrangers. — Rap. de M. H. BARRAULT. — Br.,0 f. 10.

La limitation légale de la journée de travail en France. — Rap. de M. H. JAY. — Br.,0 f. 60.

Le travail à domicile en France. — Rapport de MM. Paul PIC et A. AMIEUX. — Br., 0 fr. 30.

QUATRIÈME SÉRIE

LE CONTRAT DE TRAVAIL. (Examen du projet de loi du Gouvernement). — Rapports de M. PERREAU, professeur à la Faculté de Droit de Paris, et de M. FAGNOT, enquêteur au ministère du Travail. — 1 volume, 3 fr. 50.

Rapports présentés à l'Assemblée de Genève (1906) par la Section française

Le travail de nuit des enfants dans les usines à feu continu. — Rapport de M. F. FAGNOT. — Br., 0 fr. 60.

Le travail industriel des enfants. — Rapport de M. Georges ALFASSA. — Br. 0 fr. 60.

La réalisation de l'égalité entre nationaux et étrangers. — Rapport de M. A. BOISSARD — Br. 0 fr. 10.

CINQUIÈME SÉRIE

I. *La Conciliation dans les conflits collectifs et les travaux de la section du Nord de l'Association.* — Rap. de M. AFTALION. — Brochure, 0 fr. 60.

II. *La loi du 7 mars 1850 et le Mesurage du travail à la tâche.* — Rapport de M. Ad. BOISSARD. — Brochure, 0 fr. 60.

III. *Le Contrat de travail et le Code civil.* — Rapports de MM. PERREAU et GROUSSIER. — 1 volume, 3 fr. 50.

IV. *La Réforme de l'inspection du travail en France.* — Rapport de M. Eugène PETIT. — 1 volume, 3 fr. 50.

V. *Collaboration des ouvriers organisés à l'œuvre de l'inspection du travail.* — Rapport de M. Henri LORIN. — 1 volume, 1 fr. 75.

VI. *Les Accidents du Travail dans l'Agriculture.* — Rapport de M. Henri CAPITANT. — 1 volume, 1 fr. 75.

CINQUIÈME SÉRIE bis

Publications de la Section du Nord

SIXIÈME SÉRIE

SIXIÈME SÉRIE bis

Publications de la Section du Nord

SEPTIÈME SÉRIE

NOUVELLE SÉRIE

Les publications de l'Association paraissent dorénavant en une série unique et ininterrompue

—— ·O· ——

L'Association nationale française examine et discute dans ses réunions périodiques les questions de législation du travail à l'ordre du jour. Elle publie le compte rendu de ses discussions. Ces publications sont servies aux membres de l'Association.

Sont membres de l'Association les personnes et les sociétés qui considèrent la législation protectrice des travailleurs comme nécessaire et adhèrent aux statuts de l'Association.

La cotisation annuelle est fixée à 10 francs. Elle est réduite à 3 francs pour les personnes ou les sociétés qui ne demandent pas à recevoir les publications de l'Office International.

Les adhésions sont reçues par le trésorier de l'Association : M. Léon DE SEILHAC, délégué permanent du Musée social, 5, rue Las-Cases.

ORLÉANS. — IMP. AUGUSTE GOUT & Cⁱᵉ